VENTE

du Lundi 30 Avril 1906

HOTEL DROUOT, SALLE N° 7

EXPOSITION, le 29 Avril 1906

MOBILIER ANCIEN

et de Styles

GOTHIQUE, LOUIS XIII, LOUIS XV & LOUIS XVI

Marbres, Bronzes, Porcelaines, Faïences

TABLEAUX, GRAVURES

appartenant à Mme X···

Me F. LAIR-DUBREUIL, Commissaire-Priseur

M. Arthur BLOCHE, Expert près la Cour d'Appel

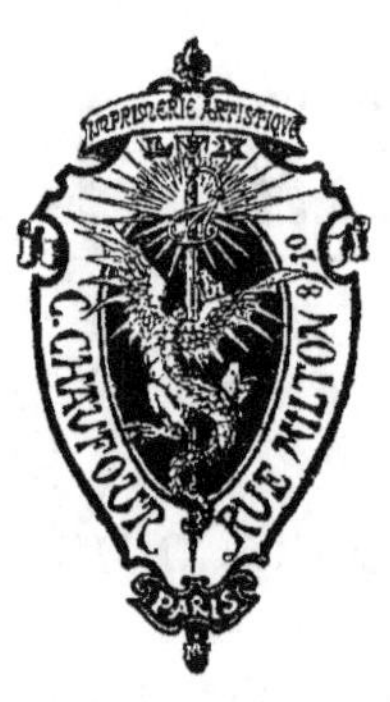

CATALOGUE

D'UN

MOBILIER ANCIEN

et de Styles

Chambre à coucher en bois sculpté et doré Louis XIII

SALLE A MANGER GOTHIQUE, SALON LOUIS XV & LOUIS XVI

MEUBLES DE FANTAISIE EN BOIS LAQUÉ

Statue de Phryné en marbre par FLORNIN

BRONZES D'AMEUBLEMENT

PORCELAINES, FAÏENCES, OBJETS D'ÉTAGÈRE

TABLEAUX, GRAVURES

TAPIS — TENTURES

*Appartenant à Mme X****

ET DONT LA VENTE AURA LIEU

HOTEL DROUOT — SALLE N° 7
Le Lundi 30 Avril 1906

A 2 HEURES 1/4

Me F. LAIR-DUBREUIL	**M. Arthur BLOCHE**
COMMISSAIRE-PRISEUR	EXPERT PRÈS LA COUR D'APPEL
6, Rue de Hanovre, 6	*51, Rue Saint-Georges*

Chez lesquels se trouve le Catalogue

EXPOSITION PUBLIQUE

Le Dimanche 29 Avril 1906, de 2 heures à 5 h. 1/2

CONDITIONS DE LA VENTE

Elle sera faite expressément au comptant.

Les acquéreurs paieront 10 o/o en sus des enchères.

L'exposition mettant le public à même de se rendre
compte de l'état des objets, il ne sera admis aucune
réclamation une fois l'adjudication prononcée.

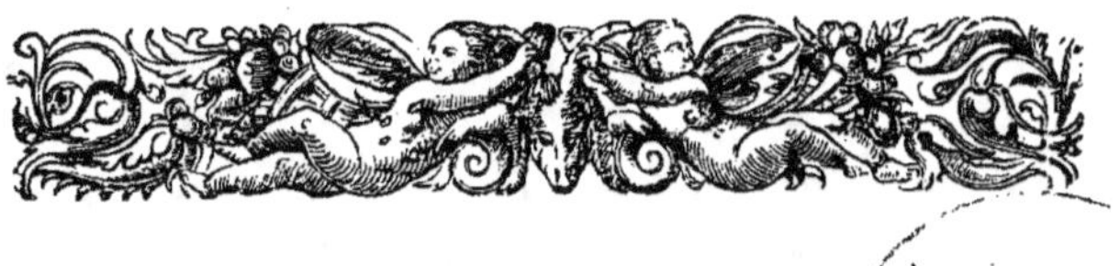

DESIGNATION

MOBILIER

1 — Beau lit d'apparat en bois sculpté et doré,
orné aux extrémités de colonnettes torses
enguirlandées. Le panneau du fond est sur-
monté de trois figurines en bois sculpté polychromé et offre au milieu un bas relief représentant Bacchus jeune entouré de bacchantes.
Epoque Louis XIII.

2 — Armoire de style analogue en bois sculpté
et doré ouvrant à trois vantaux et ornée de
colonnettes torses supportant une petite frise
ornée de mufles de lions et de personnages
polychromes.

3 — Belle cheminée en bois sculpté et doré de même style ornée de deux colonnes torses sculptées à grappes de raisins et de panneaux en peinture sur les côtés. Cette cheminée est surmontée d'un rétable représentant l'Annonciation à la vierge en bois sculpté polychrome. Epoque Louis XIII.

4 — Cabinet hispano-mauresque ouvrant à douze tiroirs en bois sculpté et doré et posé sur quatre colonnes cannelées reliées par une entrejambe.

5 — Cabinet hispano-mauresque ouvrant à neuf tiroirs et une porte fermant sur une réserve centrale à nombreux petits tiroirs. Il pose sur un meuble ouvrant à quatre grands tiroirs, tout en bois sculpté doré et incrusté de plaquettes en os ornés de peintures polychromes.

6 — Table à jeu en palissandre. Style anglais.

7 — Petite étagère en bois peint vert étoffe brodée.

8 — Trumeau en bois doré avec peinture, scène champêtre xviiiᵉ siècle.

9 — Deux grands fauteuils, deux chaises et un tabouret en bois sculpté et doré, parties polychromes couverts en velours rouge avec applications Renaissance à fond bleu, dessin jaune. Style Louis XIII.

10 — Ameublement de salle à manger en bois sculpté, style gothique, composé d'un buffet crédence ouvrant à quatre portes, un argentier d'applique d'une table rectangulaire et huit chaises.

11 — Porte-manteaux et parapluies en bois sculpté à fond de glace.

12 — Armoire d'angle en bois sculpté peint en gris.

13 — Piano droit en palissandre de la maison Erard.

14 — Petite table rectangulaire en bois doré et sculpté à jour sur quatre pieds reliés par une entrejambe surmontée d'un vase enguirlandé. Dessus en marbre. Style Louis XVI.

15 — Guéridon rond en bois doré et sculpté à jour sur quatre pieds reliés par une entre-jambe surmontée d'un petit vase. Dessus en marbre. Style Louis XVI.

16 — Petite console avec sa glace en bois sculpté et doré. Dessus en marbre blanc. Style Louis XVI.

17 — Petit canapé en bois sculpté et doré foncé de canne. Style Louis XVI. Coussins en soierie.

18 — Deux bergères en bois sculpté et doré couvertes en soierie brochée. Style Louis XV.

19 — Deux fauteuils d'angle cannés en bois sculpté et doré. Coussins et dossiers en soierie brochée. Style Louis XVI.

20 — Deux chaises légères en bois sculpté et doré à dossiers en forme de lyre, couvertes en soie brochée sur fond crème. Style Louis XVI.

21 — Deux chaises légères en bois sculpté et doré à dossiers en forme de lyres couvertes en soie brochée sur fond vert. Style Louis XVI.

22 — Deux chaises légères en bois sculpté et
doré couvertes en soieries brochées. Style
Louis XVI.

23 — Deux fauteuils bas Louis XVI, en bois
sculpté laqué blanc couverts en soie ancienne.

24 — Lit de repos Louis XV, en bois sculpté
laqué blanc couvert en brocatelle à bouquet
de fleurs sur fond vert.

25 — Tabouret canné en bois sculpté et doré.
Style Louis XV.

26 — Petit meuble bureau ouvrant à deux tiroirs,
en palissandre et bois rose à marqueterie de
losanges orné de bronzes dorés. Style
Louis XVI.

27 — Petite table de chevet Louis XVI, en bois
rose et palissandre ouvrant à deux tiroirs.
Dessus en marbre.

28 — Petite table forme cœur en acajou et filets
de cuivre dessus en marbre rouge, entourée
d'une galerie en cuivre. Style Louis XVI.

20 — Table à coffret en bois sculpté laqué blanc.
Style Louis XVI. Dessus en glace.

30 — Petite méridienne en bois sculpté foncé de
canne. Style Louis XVI.

31 — Deux fauteuils et deux chaises en bois peint
en blanc foncés de canne.

32 — Petite armoire en bois sculpté peint en
blanc ouvrant à une porte garnie de petits
carreaux.

33 — Petite commode à trois rangées de tiroirs
en bois peint en blanc, poignées en bronze.
Style Louis XV.

34 — Petit chiffonnier à six tiroirs recouvert de
toile genre persan.

35 — Petite chaise en bois sculpté peint en
blanc et canné. Style Louis XVI.

36 — Table à thé, en bois laqué blanc.

37 — Paravent à deux feuilles en soierie brodée à
fleurs.

38 — Divan anglais couvert en velours fond vert à grand dessin.

39 — Paravent à quatre feuilles ornées de glaces et de panneaux en soie rayée monture en bois sculpté et doré. Style Louis XVI.

40 — Plafonnier en bois sculpté doré et polychromé forme soleil et têtes de chérubins, disposé pour l'électricité.

41 — Petite glace avec cadre à fronton en bois sculpté et doré Louis XVI.

42 — Paravent à trois feuilles en bois sculpté, dit moucharabie.

43 — Deux petites étagères de style oriental ornées d'incrustations, de nacre.

44 — Deux petites étagères en bois laqué blanc.

BRONZES — MARBRES

OBJETS D'ART

45 — Statuette de Phryné en marbre blanc
Signée : F. Flornin.

46 — Deux candélabres à trois lumières électriques en cuivre argenté. Style Louis XV.

47 — Deux candélabres formés par des figurines
d'enfants en faïence blanche portant deux lumières électriques.

48 — Paire de candélabres à cinq lumières en
bronze poli. Style Renaissance.

49 — Trois lampes à colonne en onyx, montures
en bronze.

50 — Dix-sept plats ou assiettes en faïence française de Moustiers, Strasbourg, Marseille et
autres.

51 — Plat en cuivre. Style Louis XIV.

52 — Gaine en marbre blanc.

53 — Lot de diverses figurines en biscuit et en porcelaine.

54 — Deux grands vases égyptiens en terre cuite, ornés de peintures polychromes.

55 — Garniture de cheminée composée d'une pendule et de deux candélabres à dix lumiè-res, en porcelaine genre de Saxe ornée de figurines et de fleurs.

56 — Deux appliques analogues à trois lumières, à fond de glace.

57 — Terre cuite formant presse-papier : enfant nu couché.

58 — Lampe à quatre branches en cuivre, avec mouchettes et éteignoir. Style Louis XIII.

59 — Deux petites lampes en cuivre. Même style.

60 — Statuette en composition : Tulipe, par CAUSSÉ.

61 — Porte-lumières à sept branches en bronze. Style Louis XIII.

62 — Petite pendule formée par un groupe d'amours en porcelaine. forme rocaille.

63 — Haut-relief en marbre. Tête de femme.

64 — Lanterne à quatre faces, cage dorée.

65 — Deux petits plafonniers en cristal taillé, disposées pour l'électricité.

66 — Plafonnier forme soleil en cuivre, à quatre lumières électriques.

67 — Lanterne d'antichambre à cage dorée.

68 — Groupe en porcelaine blanche : Diane et Endymion.

69 — Deux groupes en biscuit composés de trois amours assis sur des animaux.

70 — Deux figurines de femmes en porcelaine blanche.

71 — Deux dessus de porte en bois sculpté,
ajouré, doré et polychromé; dessin à entre-
lacs fieuris couronnés par des groupes de
nymphes adossées. Style Louis XIII.

72 — Paire de chenêts en cuivre poli, forme
vases sur base carrée. Style Louis XIII.

73 — Lot de porcelaines diverses.

74 — Lot de verrerie.

TABLEAUX, GRAVURES

75 — ECOLE FRANÇAISE. La crainte.

76 — ECOLE FRANÇAISE. Tête de Sabine.

77 — ECOLE ESPAGNOLE. Portrait d'un
torero.

78 — ECOLE ESPAGNOLE. Portrait de Saint-
Augustin.

79 — ECOLE ESPAGNOLE. La transcription
de l'histoire sainte.

80 — ECOLE ESPAGNOLE. La chaste Suzanne et les vieillards. Cadre en bois sculpté.

81 à 95 — Vingt gravures Ecole Française en noir et en couleur. (Sera divisé.)

TENTURES, TAPIS

96 — Très beau couvre-lit en velours de soie rouge, offrant au centre un soleil et sur les côtés des bandeaux en ancienne broderie de soie et de fils métalliques.

97 — Deux paires de grands rideaux.

98 — Trois paires de petits rideaux en soierie blanche.

99 — Paire de grands rideaux et deux portières en velours rouge avec bandeau orné de trois écussons.

100 — Grand tapis d'Orient à dessin polychrome sur fond rouge et bleu pâle.

101 — Petit tapis moderne genre oriental.

102 — Quatre petits tapis d'Orient anciens.

103 — Lot de divers tapis.

104 — Grand tapis en moquette fond rouge uni.

105 — Deux grands tapis en moquette fond vert clair.

106 — Lot de rideaux de vitrage.

107 — Lot de coussins en soieries diverses.

108 — Objets omis.

CATALOGUE

DE

TABLEAUX ANCIENS

COMPOSÉS

1° DE 24 TABLEAUX

Formant la Collection de Mme X*, de Russie:**

2° DE 21 TABLEAUX

**Vendus par suite du décès de M. FARCY, du château
de Salenstein (Suisse);**

3° D'ENVIRON 60 TABLEAUX

Vendus par suite du décès de Mme P*;**

DONT LA VENTE AUX ENCHÈRES PUBLIQUES AURA LIEU

HOTEL DROUOT

GRANDE SALLE N° 1

Le Samedi 16 Décembre 1865

A UNE HEURE

Par le ministère de Me **CHARLES PILLET**, Commissaire-Priseur,
rue de Choiseul, 11,
Assisté de **M. FEBVRE**, Expert, rue Laffitte, 12,
Chez lesquels se distribue le présent Catalogue.

EXPOSITION PUBLIQUE

Le Vendredi 15 Décembre 1865, de 1 heure à 5 heures.

PARIS

RENOU & MAULDE

IMPRIMEURS DE LA COMPAGNIE DES COMMISSAIRES-PRISEURS
Rue de Rivoli, 144

1865

CONDITIONS DE LA VENTE

———

Elle sera faite au comptant.

Les Acquéreurs paieront, en sus des adjudicat..
CINQ CENTIMES PAR FRANC applicables aux frais.